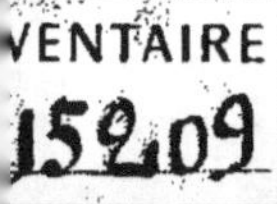

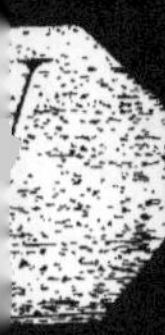

INSTITUT NATIONAL.

PROGRAMME

POUR LA CONTINUATION

DE

LA DESCRIPTION DES ARTS.

Séance publique du 15 vendémiaire an VII,

Au palais national des Sciences et Arts.

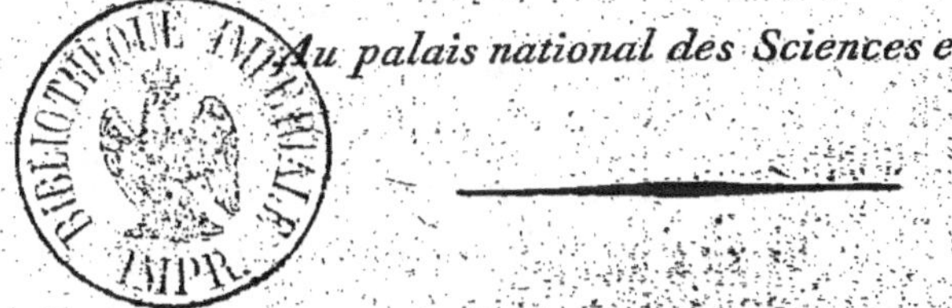

L'Institut national est chargé, par la loi qui l'organise, de continuer la description des arts, commencée par l'Académie des Sciences. Il annonce au public que ce travail va être repris : il invite les savans et les artistes à concourir à sa perfection.

Décrire les arts, c'est exposer leur objet, faire connoître leurs procédés et en rendre raison, signaler dans les procédés ce qu'ils ont de défectueux, indiquer les moyens de remédier à ces défauts. La description d'un art est bonne lorsqu'un discours clair et précis, accompagné des dessins et des tables nécessaires, la rend intelligible à quiconque veut pratiquer l'art; lorsqu'en suivant exactement la route qui est prescrite, on

A

arrive avec certitude au but proposé ; lorsqu'en un mot, après avoir étudié la description , on est en état de bien opérer et de dire pourquoi on préfère telle manière d'opérer à telle autre.

Les descriptions des arts peuvent être rédigées sur des plans divers , qui ont chacun leur degré de valeur relativement au tout auquel elles doivent appartenir. L'Institut ne fait ni un dictionnaire où , chaque mot composant un article particulier , la description des arts est coupée en autant de morceaux qu'il existe d'expressions techniques ; ni un traité particulier sur un ou plusieurs arts considérés isolément , sans rapport entre eux. L'Institut est chargé de composer un corps d'ouvrage où chacun des arts doit avoir sa description , mais où ils doivent se rapprocher , s'unir et s'aider réciproquement comme les membres d'un même corps. Un système philosophique , une méthode qui passe du simple au composé , une déduction suivie , une attention soutenue à dire chaque chose dans le lieu qui lui est propre : tels doivent être les caractères d'une collection dirigée par une société qui cultive toutes les sciences , et dont les membres ont contracté l'heureuse habitude de voir dans leur ensemble les productions de l'art, comme celles de l'esprit et celles de la nature.

Ces premières vues donnent l'idée d'un magnifique spectacle, qu'il seroit bien satisfaisant de mettre dès à présent sous les yeux du public : tous les arts distribués d'abord dans les classes qui leur sont propres , selon qu'ils appartiennent plus spécialement, soit à la chymie, soit à la méchanique, soit à quelque autre science ; ensuite, dans chacune de ces classes, les arts dont les procédés sont les plus simples, ceux qui fournissent à un autre les instrumens et les matières sur lesquelles il s'exerce, en un mot les arts primitifs, s'il est permis d'user de cette expression, mis en première ligne, et décrits les premiers pour passer de là aux arts composés et secondaires : la chaîne se prolongeant par une multitude d'anneaux ; les premières descriptions servant d'élément et d'introduction aux secondes ; l'ordre naturel invariablement observé ; toute redite évitée ; l'artiste toujours conduit des idées générales aux idées particulières , accoutumé ainsi à étendre ses vues , à donner à ses moyens toute la latitude dont ils sont susceptibles , à n'agir que par l'application éclairée de principes invariables.

Mais autant il seroit intéressant de dessiner les détails du plan dont on vient de tracer l'esquisse , autant il seroit imprudent d'entreprendre de le faire au moment actuel. Il est question d'établir un système qui embrasse l'universalité des arts : et l'expérience a trop de fois appris combien il est téméraire de prétendre ordonner un système avant de connoître parfaitement chacune des parties qui doivent y entrer. Dans quelque science que ce soit , il faut recueillir les faits avant de s'occuper de la partie systématique : ici pareillement , il faut décrire chaque art en particulier avant de s'occuper d'en placer la description dans le lieu qui lui convient. L'Institut se contentera donc de présenter à ses membres et aux personnes qui voudront concourir avec eux à la description des arts, quelques observations générales propres à les guider dans leurs travaux.

I. Un premier point essentiel est de considérer, dans l'art que l'on se propose de décrire, quelle est la science sur laquelle ses fondemens reposent d'une manière plus spéciale, afin d'indiquer à ceux qui veulent l'exercer les sources où ils doivent puiser les élémens de leurs connoissances et étudier les principes de leurs opérations.

II. Il n'est pas moins important de ne jamais perdre de vue que le travail auquel chacun est invité à concourir, doit former un corps qui rassemblera la description de tous les arts. Loin donc qu'il soit nécessaire, à l'occasion d'un art, d'entreprendre la description, soit d'autres arts, soit d'opérations accessoires dépendantes d'autres arts, il est évident que, si l'on se livroit ainsi à des détails accessoires, l'œuvre totale de la description se trouveroit pleine de longueurs et de redites inutiles, puisque les divers arts sur lesquels on se seroit permis des excursions, ayant déja été décrits ou devant l'être à l'avenir en leur lieu, leurs procédés y seront expliqués : c'est là qu'on doit les chercher.

III. Les auteurs, pénétrés de cette vérité fondamentale, circonscriront leurs descriptions dans ce qui appartient en propre à chaque art. Si l'on prétendoit, à raison de ce que l'on emploie dans un art une tarière, décrire la manière dont on apprête le fer et dont on dispose le feu, le marteau, l'enclume, et les autres outils dont on se sert pour la forger, une des parties de l'art du taillandier se trouveroit transcrite dans la description de l'art du charpentier, répétée dans les descriptions des arts du charron, du menuisier, du tourneur, et dans plusieurs autres encore. Bientôt on voudroit aller plus loin; et, sous prétexte d'expliquer la qualité de fer qui mérite la préférence, on écriroit un traité sur les mines de ce métal, sur son extraction de la terre, sur sa fonte. Ainsi la description d'un art deviendroit une encyclopédie où il faudroit chercher laborieusement, et au risque de ne les point trouver, les procédés de l'art dont le nom seroit écrit sur le frontispice.

IV. Ce n'est pas que l'on veuille interdire aux artistes de présenter les observations que la pratique de leur art leur donne occasion de faire sur les procédés de quelques autres; on les y invite au contraire : ces observations ne seront certainement pas perdues; mais c'est à l'Institut, qui conduit l'ensemble de l'ouvrage, à les classer. C'est ainsi qu'elles auront toute l'utilité dont elles sont susceptibles : autrement, elles pourroient rester ignorées, puisque celui qui n'auroit pas lu la description particulière de tous les arts, ne présumeroit pas, par exemple, qu'il dût aller chercher dans la description de l'art du charron la meilleure manière de forger ou de tremper une pièce de fer.

V. Il sera joint à ce programme un tableau des arts qui ont été précédemment décrits et de ceux qui restent à décrire. En rassemblant dans un tableau à part les arts déja décrits, l'Institut ne suppose pas qu'il n'y ait rien à dire à leur sujet. Les progrès que la science fait journellement rendent des additions indispensables ; et sans doute il y a aussi des corrections qui ne le sont pas moins : mais ce travail, quelqu'important qu'il soit, n'est pas un travail du même genre que celui qu'exigent les arts qui n'ont pas encore été publiés. Le tableau de ceux-ci semblera peut-être divisé en trop de parties ; on pensera que quelques-uns des arts qui y sont séparés devroient être décrits par la même main. Cependant la division indiquée n'a aucun inconvénient, puisqu'elle ne s'oppose pas à ce que la même personne décrive plusieurs arts qui ont de l'affinité les uns avec les autres ; mais elle a l'avantage de donner la facilité de classer définitivement les descriptions selon le système qui paroîtra le plus conforme à l'ordre des connoissances humaines et aux procédés de l'industrie.

VI. Tel est le plan général de la description des arts. Voici quelques observations relatives au plan particulier sur lequel chaque description doit être rédigée, afin d'éviter, autant qu'il sera possible, les disparates qui se trouveroient entre des descriptions faites par différens auteurs, s'ils ne suivoient pas un plan à peu près uniforme.

Le premier point dont on doit s'occuper, est l'exposition nette de l'objet de l'art qu'on entreprend de décrire, des matières sur lesquelles l'artiste doit opérer, des précautions à apporter dans leur choix, des machines et des outils qu'on emploie pour les manipuler. Il est à propos de faire connoître ensuite comment l'art s'est élevé du premier point connu au point où il se trouve aujourd'hui. Ses progrès antérieurs donnent l'espérance des progrès ultérieurs ; et la manière dont les premiers ont été obtenus, indique les moyens d'obtenir les seconds.

VII. L'Institut ne veut pas de compilations : il sait que pour exposer l'historique de l'art, on ne peut pas se dispenser de consulter des monumens écrits ; il sait encore que souvent on ne peut rendre compte des procédés en usage en pays étrangers que sur ce que l'on trouve dans des livres ou dans des mémoires particuliers : il faut donc, sur ces objets, parler d'après les autres. Tout ce qu'on est en droit d'exiger, c'est qu'une critique éclairée ait présidé au choix des matériaux, et qu'un style concis trace les résultats des recherches. Quant à ce qui touche l'état de l'art en France, la description de ses procédés actuels, le tableau doit être entièrement d'après nature. Si l'on n'a pas personnellement pratiqué l'art, il faut au moins qu'on ait vu l'exercer dans toutes les parties que l'on entreprend de décrire. Il en est de même des dessins. L'imagination ne doit avoir aucune part à ceux des machines existantes ; ils doivent représenter jusqu'aux imperfections de l'original : les auteurs auront une assez grande liberté pour présenter des idées nouvelles, lorsqu'ils proposeront, à la suite de la description de l'état actuel de l'art, les moyens de le perfectionner.

VIII. Il ne suffit pas, pour répondre à l'attente du public, de décrire ce que l'on aura rencontré sous sa main et apperçu fortuitement dans un atelier : il faut, soit par une suite d'examens que l'on aura faits soi-même dans plusieurs ateliers, soit à l'aide des correspondances, des lectures, des mémoires, recueillir les divers procédés de l'art, ceux sur-tout qui sont employés chez l'étranger ; les comparer ; et, sans s'égarer dans des dissertations prolixes, montrer en quoi le procédé que l'on adopte présente plus d'avantages que celui que l'on exclut.

Les descriptions des arts, les mémoires, observations, dessins, qui peuvent tendre au complément des descriptions et à la perfection de l'art, seront remis au secrétariat de l'Institut. Une commission est chargée d'en prendre connoissance et d'en rendre compte.

La même commission est chargée par l'Institut de se concerter avec les auteurs des descriptions, observations et mémoires, et de concourir avec eux, soit à la perfection, soit à la publicité de leurs travaux.

L'Institut déclare d'ailleurs que, loin de prétendre nuire en aucune manière aux droits de propriété que les auteurs ont sur leurs ouvrages, il comptera au nombre de ses devoirs d'assurer les droits des auteurs et de solliciter auprès du Gouvernement les encouragemens et les récompenses dus aux recherches laborieuses et utiles.

ÉTAT

ÉTAT

PAR ORDRE ALPHABÉTIQUE,

DES ARTS

Dont la description a été publiée par l'Académie des Sciences.

———————

[Les deux articles marqués d'une étoile n'ont pas paru sous l'approbation de l'Académie, mais on les joint ordinairement aux descriptions de l'Académie.]

A

AMIDON (fabrique de l'), par *Duhamel du Monceau.*

Ancres (fabrique des), par *de Réaumur*, avec des notes et additions de *Duhamel.*

Ardoises (de l'exploitation des carrières d'), par *Fougeroux de Bondaroy.*

B

* *Bled et autres grains* (battage du).

Boulanger (art du), par *Malouin.*

Boulangerie et *Meûnerie* (histoire abrégée de l'origine et des progrès de la), par *Malouin.*

Bourrelier et *Sellier* (art du), première et seconde sections, par *de Garsault.*

Brodeur (l'art du), par *de Saint-Aubin.*

C

Cartier (art du), par *Duhamel du Monceau.*

Cartonnier (art du), par *de la Lande.*

Chamoiseur (art du), par *de la Lande.*

Chandelier (art du), par *Duhamel du Monceau.*

Chapelier (art du), par *Nollet.*

Charbonnier (art du), ou manière de faire le charbon de bois, par *Duhamel du Monceau ;* additions et corrections relatives à l'art du charbonnier, par le même.

Charbon de terre (art d'exploiter les mines de), par *Morand*, médecin.

Première partie : du charbon de terre et de ses mines ; supplément.

Seconde partie : de l'extraction, de l'usage et du commerce du charbon de terre ; première, deuxième et troisième sections.

Quatrième section ; suite de la quatrième section : mémoires sur les feux de houille ou charbon de terre, et table des matières.

Chaufournier (art du) , par *Fourcroy de Ramecourt*.

Cirier (art du), par *Duhamel du Monceau*.

Colles (art de faire différentes sortes de) , par le même.

Cordonnier (art du) , par *de Garsault*.

Corroyeur (art du), par *de la Lande*.

Coutelier (art du) , par *Perret*, première partie, seconde partie, section première.

Coutelier (art du), pour les instrumens de chirurgie, seconde partie, seconde section , par *J. J. Perret*.

Coutelier (art du), en ouvrages communs, par *Fougeroux de Bondaroy*.

Couvreur (art du), par *Duhamel du Monceau*.

Criblier (art du), suite du parcheminier, par *Fougeroux d'Angerville*.

Cuirs dorés ou *argentés* (art de travailler les), par *Fougeroux de Bondaroy*.

Cuivre et *Potin* (de la fonte et de l'affinage du), par *Duhamel du Monceau*.

Cuivre rouge ou *cuivre de rosette* (art de convertir le) en *laiton* ou *cuivre jaune*, cinq parties, par *Gallon*.

D

Distillateur d'eaux fortes (art du), par *de Machy*, trois parties.

Distillateur liquoriste (art du), contenant le brûleur d'eau-de-vie, le fabricant de liqueurs, le cafetier-limonadier, trois parties, par *de Machy*.

Draperie (art de la) par *Duhamel du Monceau*.

E

Enclumes (de la forge des), par *Duhamel du Monceau.*

Epinglier (art de l'), par *de Réaumur*, avec additions de *Duhamel du Monceau.*

Etoffes de laine (art de friser ou ratiner les), par *Duhamel du Monceau.*

Etoffes en laine (art du fabricant d'), par *Roland de la Platière*, première et seconde parties; et art de les préparer et de les imprimer.

Etoffes de soie (art du fabricant d'), par *Paulet*, six parties.

Seconde section de la sixième partie, septième section première partie.

Septième section, troisième division de la première partie.

F

Fer fondu (nouvel art d'adoucir le), par *de Réaumur.*

Fer réduit en fil d'archal (art de faire le), par *Duhamel du Monceau.*

Forges et fourneaux à fer (art

des), par *de Courtivron* et *Bouchu*, première, seconde, troisième et quatrième sections.

Traité du fer, par *Swedenborg.*

H

Hongroyeur (art de l'), par *de la Lande.*

I - J

Indigotier (art de l'), par *de Beauvais Raseau.*

Instrumens d'astronomie (description et usage des principaux), par *le Monnier.*

Instrumens de mathématiques et d'astronomie (nouvelle méthode pour diviser les), par *de Chaulnes.*

L

Layetier (art du), par *Roubo.*

Lingère (art de la), par *de Garsault.*

M

Maçonnerie (art de la), par *Lucotte*, architecte.

Maroquin (art de faire le), par *de la Lande.*

Mâture (description de l'art de la), par *Romme*.

Mégissier (art du), par *de la Lande*.

Menuisier (art du), par *Roubo* fils, première partie ; supplément ; seconde partie.

Menuisier - carrossier, première section, troisième partie.

Menuisier en meubles, seconde section, troisième partie.

Menuisier-ébéniste (art du), par *Roubo* fils, troisième section, troisième partie.

Le *treillageur* est la quatrième partie de l'art du menuisier.

Microscope (description d'un) et de différens micromètres, par *de Chaulnes*.

O

Orgues (art du facteur d'), par D. *Bedos de Celles*, première, seconde, troisième et quatrième parties.

P

Papier (art de faire le), par *de la Lande*.

Parchemin (art de faire le), par *de la Lande*.

Paumier - raquettier et de la paume (art du), par *de Garsault*.

Peinture sur verre (art de la), et de la *vitrerie*, par *le Vieil*, deux parties ; troisième partie, l'art du vitrier.

Perruquier (art du), par *de Garsault*.

Pêches (traité des), par *Duhamel du Monceau*, première partie, première, seconde, troisième sections.

Seconde partie, première, seconde, troisième sections ; suite de la troisième section.

Suite de la seconde partie, sections 4, 5, 6, 7, 8, 9 et 10.

Pipes à fumer le tabac (art de faire les), par *Duhamel du Monceau*.

Plombier et *Fontainier* (art du), par * * *.

Porcelaine (art de la), par *de Milly*.

Potier d'étain (art du), par *Salmon*.

Potier de terre (art du), par *Duhamel du Monceau*.

R

Raffinage du sucre, par *Duhamel du Monceau*.

Relieur, *doreur de livres* (art du'), par *Dudin*.

Ressorts de montres (art de faire les), par *W. Blakey*.

S

Savonnier (art du), par *Duhamel du Monceau*.

Serrurier (art du), par *Duhamel du Monceau*.

T

Tailleur (art du), par *de Garsault*.

Tanneur (art du), par *de la Lande*.

Tapis., façon de Turquie, connus sous le nom de tapis de la Savonnerie, par *Duhamel du Monceau*.

Teinture en soie (art de la), par *Macquer*.

* Théâtres et machines théâtrales (construction des), par *Roubo* fils.

Tonnelier (art du), par *Fougeroux de Bondaroy*.

Tourneur mécanicien (art du), par *Hulot* père, première partie, première section.

Treillageur (art du), ou menuiserie des jardins, par *Roubo* fils. (Voyez ci-devant *Menuisier*).

Tuilier et *Briquetier* (art du), par *Duhamel, Fourcroy* et *Gallon*.

Tuile et brique (art de fabriquer la) en Hollande, suite de l'art du *tuilier* et du *briquetier*, par *Jars*.

V

Vaisseaux (traité de la construction des), par *Frédéric de Chapman*.

Velours de coton (art du fabricant de), par *Roland de la Platière*, première et seconde parties.

Vermicelier (art du), par *Malouin*.

Vitrier (art du). Voyez ci-devant *Peinture sur verre*.

Voilure (art de la), par *Romme*.

ÉTAT

PAR ORDRE ALPHABÉTIQUE,

DES ARTS

Dont la description n'a pas été publiée par l'Académie des Sciences, et doit entrer dans la continuation entreprise par l'Institut.

———

Il seroit à souhaiter que l'on pût employer, pour désigner chacun des arts, un mode d'expression toujours uniforme pris de la dénomination ou de la chose, comme *art de la menuiserie*; ou de la personne, comme *art du menuisier*. Quelque tentative que l'on ait faite, et quoiqu'on se soit permis d'user du privilége d'introduire des expressions nouvelles, lorsqu'elles sont techniques, il n'a pas été possible de conserver l'uniformité que l'on auroit désiré maintenir. Les dénominations, au reste, dont on s'est servi, n'ayant d'autre objet que d'indiquer un art à décrire, il est libre aux auteurs des descriptions de les remplacer par quelque autre expression ou plus claire, ou plus précise, ou plus analogue au génie de la langue.

L'état alphabétique que l'on présente, contient un grand nombre d'arts à décrire : cependant on ne se flatte pas de n'en avoir point oublié; mais on est prêt à en ajouter le nom dès que quelqu'un voudra bien les indiquer.

A

Aérostaterie.

Aiguillerie.

Aiguillerie-bonneterie.

Aciérie, où il sera traité de l'acier naturel, de la cémentation, de la fonte, de la forge, de la trempe, de la polissure de l'acier.

Alun (préparation et emploi de l').

Collage de papiers.
Confiseur.
Corderie de fils de chanvre ou d'autres plantes.
— *de fils de métaux*, etc.
Corne (fabrique de feuillets transparens).
Coton, apprêts.
— filature.
— diverses étoffes autres que le velours.
Couleurs. Extraction des couleurs du règne minéral.
— végétal.
— animal.
— Préparation des couleurs pour être employées en détrempe.
— en émail.
— à gouache.
— à l'huile.
— au lavis.
— à la miniature.
— au vernis.
— sur bois.
— sur métaux.
— sur pierre.
— sur verre, etc.
Couverturier.
Crayons (fabrication des).
Crins (fabrication des ouvrages de).
Crystaux (fabrique des).
Cuisine.

D

Découpeur-gauffreur.
Dégraisseur.
Dentelles (fabrique de).
Dés à coudre (fabrique de).
Diamantaire.
Distillateur d'eau-de-vie.
Dorure sur bois, métaux, etc.

E

Ecaille (art de la travailler).
Ecriture.
Emailleur.
Emballeur.
Emouleur.
Enlumineur.
Encre noire et de couleur (fabrication de l').
— *pour écriture.*
— *pour impression.*
— *pour lavis.*
Eperonnier.
Equarrissage.
Etamage sur cuivre, fer, verre, etc.
Eventailliste.

F

Faïencerie.
Faulx (art de les fabriquer).
Ferblanterie.
Ferronnerie.

Feu (art de le graduer et de l'entretenir).

Filature en général.

Filets (art de les fabriquer tant grands que petits).

Filigraniste.

Fleurs artificielles (art de faire les).

Fondeur en caractères.

Fonte des métaux pour les couler — mouler.

Forger (art de).

Formier.

Fouets (fabrication des).

Foulon.

Fourbisseur.

Fourreur-pelletier.

Fournaliste.

Fromages (fabrication des).

Fruits (art de les conserver et sécher).

Fumiste.

Futainier.

G

Gainier.

Gantier.

Gazier.

Glaces de verre (art de les souffler, couler, tailler).

Glacier (art de préparer les rafraîchissemens).

Globes (fabrication des).

Géographie et hydrographie (dessin et projection des cartes).

Graines (récolte, conservation et manipulation).

Gravure (art de la) : savoir,

Graveur en bois.

— en caractères (pour poinçons).

— en lettres (taille douce).

— en musique.

— en taille-douce.

— sur métaux.

— sur pierre.

— sur verre.

Goudron (extraction et emploi du).

H

Histoire naturelle (préparation des objets qui lui appartiennent).

Horlogerie.

Huiles. Extraction des huiles fixes.

— des huiles volatiles.

I - J

Imprimerie en caractères mobiles et fixes.

— en taille-douce.

— polychromatique.

— sur toile.

— sur étoffes de laine.

— sur étoffes de soie.

Instrumens de musique à vent.
— *à cordes.*
— *de percussion.*
Instrumens de physique (art
   de les fabriquer).
Jardinier fleuriste.
— *maraicher.*
— *pépiniériste.*
— *de serre-chaude.*
Ivoire (art de le travailler).

L

Lampier.
Lapidaire.
Lavage des cendres de four-
   neaux où l'on fond des mé-
   taux.
Limes (fabrication des).
Lin (préparation du).
Litharge (préparation de la).
Lunettier-opticien.
Lustrier.

M

Marbreur de papier.
Marbrier.
Maréchal ferrant.
Maréchal grossier.
Matelasseur.
Mercure (préparation du).
Métaux. Art de les fondre.
   — couler.
   — affiner.
   — essayer.
   — allier.
   — départir.
   — forger.
   — tremper.
   — planer.
   — laminer.
   — plaquer.
   — filer.
   — frapper.
   — souder.
   — calciner.
   — sublimer.
Miel (sa récolte et sa conservation).
Mines (exploitation des).
Miroitier.
Modes (façon des).
Monnoyage pour monnoies.
— *pour médailles.*
Mosaïque (art de faire la).
Mouleurs en carton.
— *en cire.*
— *en corne.*
— *en cuir.*
— *en écaille.*
— *en papier.*
— *en pierres factices.*
— *en plâtre.*
— *en terre.*
Moulins pour différentes usi-
   nes (fabrication des).
Moutardier.

N

Nacre (manière de la travailler).
Nattier.
Nivellement.
Noir (fabrique du).

O

Oiseleur.
Orfèvre grossier.
— *bijoutier.*
— *joaillier.*
Os (manière de les travailler).

P

Paillonneur.
Pain-d'épicier.
Papeterie chinoise.
— *hollandaise.*
Parasols et parapluies (fabrication des).
Paratonnerre (art de les disposer).
Parfumeur.
Pâtissier.
Paveur.
Peaussier.
Peignier pour la toilette.
— *pour les fabricans d'étoffes.*
Pelles de bois (fabrication des).
Pharmacie.

Pierres (coupe et appareil des).
Pierres précieuses (art de les imiter).
Pinceautier.
Piqueur en écaille.
Plan (art de lever et laver les).
Plomb en grenailles (fabrication du).
Plongeur constructeur des machines.
Plongeur faisant la pêche.
Poids et mesures (fabrication des).
Poil (coupeur de poil pour les chapeliers).
Poiré (fabrication du).
Polytypage.
Poudre à tirer (fabrication de la).
Préparations anatomiques (art de faire les).
Presses (art de les construire).

R

Résines, gommes et laques artificielles (extraction et préparation).
Rubanier.

S

Sabotier.
Salaison des viandes.
Salpêtrier.
Scies (fabrication des).

Scieries (établissement des).

Sculpteur en bois.

— *en pierre.*

Sels (extraction et préparation des).

— *sel ammoniac.*

— *sel marin.*

— *salin et potasse.*

— *cendres gravelées.*

— *soude.*

Soufflets (fabrique des).

Souffleur en verre.

T

Tabac (récolte et préparation
du).

Tabletier.

Tablettes pour écrire (fabrication des).

Tachygraphie.

Taillandier.

*Tapissier de haute et basse
lice.*

— *à l'aiguille.*

— *rentrayeur.*

— *meublant.*

Teintures. Extraction et préparation des substances *du
règne minéral, du règne végétal, du règne animal.*
Pour être employées *sur bois.*

— *sur coton.*

— *sur cire.*

— *sur fil.*

— *sur laine.*

— *sur paille.*

— *sur peau.*

— *sur soie.*

Télégraphie.

Terrassier.

Tisserand.

Toiles métalliques (fabrication
des).

Tourneur (complément de l'art
du).

Tripier.

V

Vannier (art du).

Ventilateur (art du).

Verdet ou *verd-de-gris* (fabrication du).

Vernis (fabrication).
Emploi *sur bois.*

— *sur fer blanc.*

— *sur papier.*

— *sur métaux.*

— *sur tôle.*

Verrerie de couleur.

— *tournée.*

— *courbée.*

— *filée.*

Vin (fabrication du).

Vinaigre (fabrication du).

*Vis en bois, métaux et autres
matières* (fabrication des).

Vidangeur.

BAUDOUIN, Imprimeur de l'Institut national.